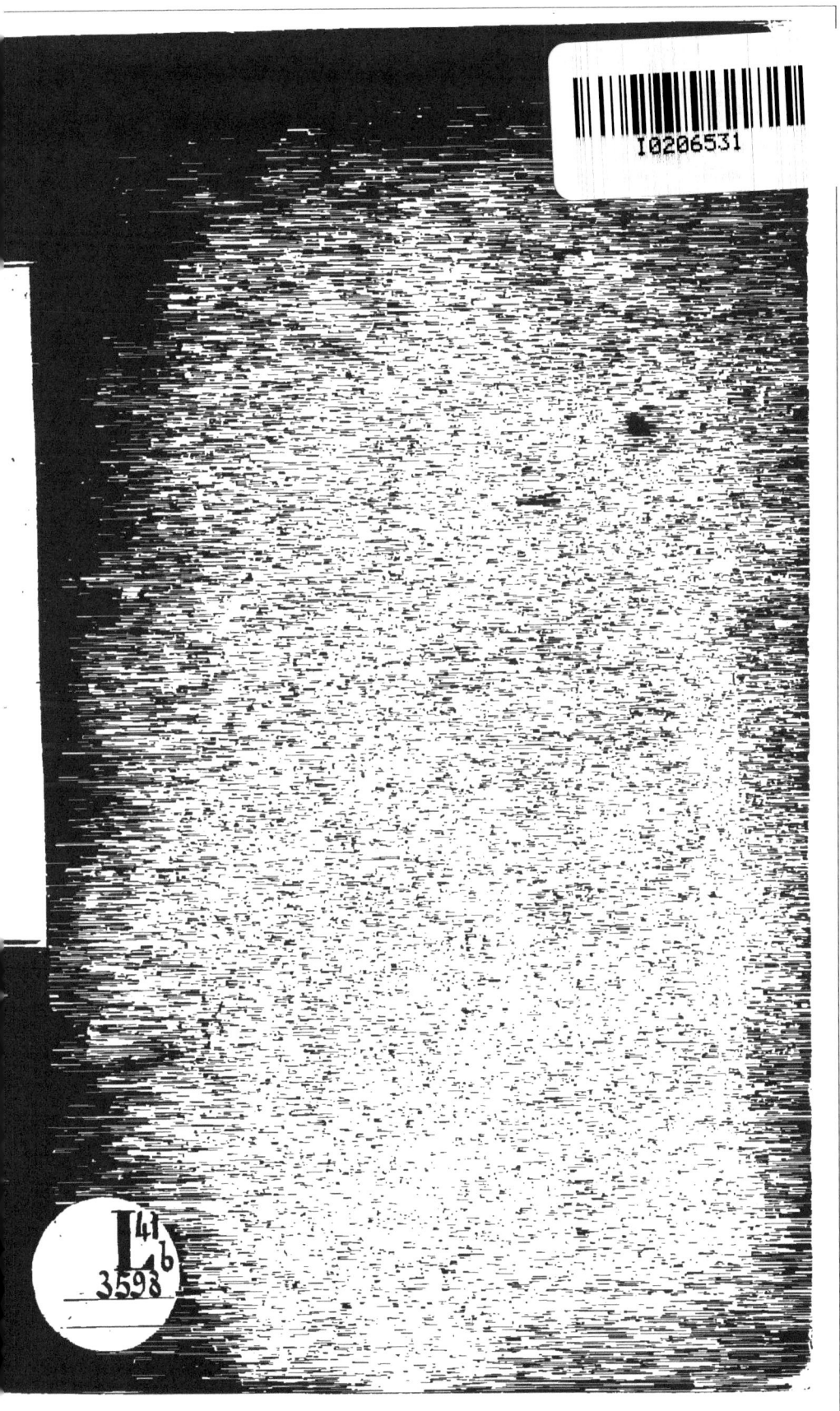

DISCOURS

PRONONCÉ

DANS LE TEMPLE

CONSACRÉ A LA RAISON,

A Toulouse, le décadi 30 Frimaire de l'an second de la République française.

PAR le citoyen DESCOMBELS, Procureur-Général-Syndic du Département de Haute-Garonne.

CITOYENS FRERES ET AMIS,

VOICI la seconde fois que nous nous réunissons dans ce temple consacré à la raison, pour lui offrir un culte digne d'elle. Ce nombreux concours de citoyens atteste que ce n'est pas une vaine curiosité qui vous attire à cette fête. Affranchis des fers de la superstition, libres des préjugés dont elle avoit infecté notre enfance, comme des entraves dont le defpotifme avoit environné notre âge mûr, nous venons, fous les aufpices de la liberté, confulter le grand livre de la morale & de la raifon éternelle, jouir de la lumiere de ce flambeau divin que l'Etre fuprême a mis en chacun de nous, & nous féliciter d'être nés dans le fiecle heureux qui a vu diffiper toutes les ténebres dont fon éclat avoit été jufqu'à préfent obfcurci, & ceffer tous les malheurs dont cet aveuglement étoit la caufe.

Quel fombre tableau ne nous préfente pas le fouvenir de tous les maux qui ont dû leur naiffance à la fuperftition ! Source féconde de calamités & de défaftres, elle a long-temps déshonoré l'efpece humaine, provoqué contr'elle tous les fléaux, détruit des générations entieres, dépeuplé une partie du monde, & tenu l'autre dans la captivité, la honte & le malheur. L'homme dégradé par cette maladie funefte, a méconnu le plus noble de fes attributs, celui de fa raifon: c'eft par elle qu'il s'éleve au-deffus de tous les animaux ; qu'avec des fens moins parfaits, des forces moins grandes, il les a tous foumis à fon empire, il les a tous fait fervir à fon ufage & à fes befoins ; & l'homme avili par la fuperftition, s'eft effrayé du vol des oifeaux, a proftitué fon culte aux plus vils animaux, & demandé fon bonheur & fa vie à un métal infenfible qu'il venoit de façonner de fes mains. Afservi par cette divinité cruelle, il a outragé l'humanité, la nature; il a prêté au Dieu qu'elle lui a forgé, toutes les passions dont il étoit animé; il s'est peint un Dieu jaloux, vengeur, féroce, inexorable; il a été inhumain, parjure & meurtrier. Aussi le sang a coulé, le fer & le feu ont dévoré les habitans de la terre. Innocens & coupables, tous ont été confondus dans d'affreuses proscriptions: des échafauds ont été dressés, des supplices qui effrayoient la nature ont été inventés; & le glaive de la justice est devenu l'instrument du crime, des perfidies & des vengeances.

Sans remonter à des temps éloignés, notre histoire seule nous offre une liste effrayante des malheureuses victimes du fanatisme & de la superstition. Animés de leur rage que souffle dans tous les cœurs un prêtre farouche, les Européens se portent par milliers dans les plaines de l'Asie. Dans leur aveugle transport, ils abandonnent leur patrie, leur fortune, leurs femmes, leurs enfans, pour aller porter le carnage & la mort chez une nation nombreuse qui n'avoit d'autre crime que celui de professer une religion différente. Avides de sang, ils ne cherchent qu'à multiplier leurs victimes, ils les offrent en sacrifice au Dieu de la superstition; & le chef de ces hordes barbares, souillé de crimes & d'assassinats, est regardé comme l'ami, comme l'élu de ce Dieu qu'ils outragent & déshonorent. C'est la cause de ce Dieu que des hommes indignes de ce nom croyoient venger par les maſſacres qui ſouillent tant de pages de notre hiſtoire ; & ce jour ſi cruel pour l'humanité, ſi honteux pour la mémoire de nos peres, qui fut pour la France entiere un jour de deuil & de malédictions, trouva long-temps des apologiſtes. Et quels fruits avons-nous retiré de tant de malheurs ? Les ſciences les plus néceſſaires aux hommes, les vérités les plus utiles n'ont coûté aucuns regrets, aucunes larmes ; & tant de flots de ſang n'ont ſervi qu'à faire ſurnager des erreurs funeſtes, où n'ont produit que des diſputes oiſeuſes dont la plupart des hommes ont été la victime, tandis que quelques fourbes adroits s'approprioient leur ſubſtance, & s'engraiſſoient de leurs dépouilles : eux ſeuls ont profité de ces malheurs ; & la puiſſance ſacerdotale, fortifiée par l'arme du fanatiſme, a élevé ſur les cendres de ſes nombreuſes victimes le trône d'où elle a long-temps effrayé l'univers.

C'eſt la ſuperſtition qui, pour étendre ſes droits & ſes conquêtes, a ſucceſſivement reſſerré ou détruit tous les liens des gouvernemens civils ; c'eſt elle qui tour-à-tour, ſuivant ſes vues ambitieuſes, a vendu les peuples aux rois, & les rois aux aſſaſſins ; tantôt elle a enchaîné les hommes par des liens ridicules ou honteux, tantôt elle les a relevés des ſermens les plus ſaints, des lois de la reconnoiſſance & de l'honneur. Toujours unis avec le deſpotifme, par un pacte fatal à l'humanité, perfide même envers lui quand fes intérêts lui en ont fait la loi, la fuperftition n'en avoit d'autre que d'augmenter le nombre de fes efclaves, d'appefantir leur joug, & de s'affurer des miniftres, en excitant en eux les paffions les plus avides, en fatisfaifant jufqu'à leurs moindres fantaifies.

L'hiftoire de ces miniftres n'eft que le récit de leurs exactions, ou plutôt de leurs forfaits. Si pour foutenir leur puiffance & leur fafte infolent, les biens des familles ont été enlevés aux femmes & aux enfans, ce font eux qui ont perfuadé à des efprits crédules que ces pieufes donations remettoient tous les crimes. Si des titres faux, des actes fuppofés ont attaqué la propriété du citoyen & envahi le domaine du pauvre, eux feuls en font les auteurs. Si le vice & le défordre ont levé une tête altiere, confacré fes fureurs, fanctifié fes crimes par les apparences de la religion, eux feuls en font les auteurs. Si le deuil & la défolation font entrés dans les familles, fi les vertus fociales ont été outragées, fi l'innocence a été féduite & la vertu facrifiée, c'eft encore à eux que nous devons tous ces malheurs.

Sourds à la voix de la nature, efclaves des plus viles paffions, ils profanoient les noms d'époux & de peres; perfides à la morale que leurs bouches annonçoient, couvrant leurs vices par leur hypocrifie, armant de fer & de poifon les mains de leurs crédules victimes, ils cachoient leurs crimes par des crimes nouveaux. Qu'ils fuyent loin de nous, qu'ils emportent dans les repaires où ils ont été fe cacher, la honte de leurs longs forfaits & le regret de les voir inutiles. Si leur vengeance eft encore altérée de fang, s'ils veulent encore fe repaître de cet affreux breuvage, qu'ils voient les déplorables fuites du fanatifme dont avant leur départ ils ont fecoué parmi nous le funefte flambeau; qu'ils voient la France déchirée, rappelant inutilement des malheureux qu'ils ont féduits; qu'ils applaudiffent à la frénéfie de leurs aveugles fuppôts. Et c'eft au nom d'un Dieu de paix qu'ils ont prodigué ces fureurs ! c'eft pour fon culte qu'ils ont fait couler tant de fang ! Non. Ils ont dit : « Nos jouiffances font détruites, notre puiffance eft anéantie, nos vices font découverts; réuniffons-nous, attaquons cette puiffance qui veut nous foumettre; armons-nous du prétexte de la religion; faifons d'un ferment légitime la pomme de difcorde qui doit divifer la France entiere : qu'ils foient nos amis ceux qui s'y refufent, que les autres périffent. Ainfi l'ange exterminateur frappa autrefois de milliers de victimes; ainfi la nation juive, par l'ordre du Très-Haut, égorgea en un jour un peuple entier. » Ils ont dit, & des fanatiques féduits ont exécuté leurs affreux complots. Plaines de la Vendée, champs arrofés du fang de tant de Français, vous dépoferez à jamais contre les fureurs du fanatifme; vous attefterez les forfaits dont il a fignalé parmi nous fes derniers inftans; vous graverez dans tous les cœurs une haine falutaire pour fes perfides manœuvres.

Qu'il eft différent ce culte de la raifon & de la morale! qu'il préfente à nos yeux un tableau bien plus confolant! Ce n'eft pas les mains teintes de fang, que l'homme vient dans fon temple; ce ne font point les dépouilles du pauvre, de la veuve, de l'orphelin qu'il vient offrir fur fes autels; ce n'eft point par des forfaits, par des affronts à l'humanité qu'il célebre fon culte. L'amour des hommes, le refpect de foi-même & des droits de fes égaux, voilà fes dogmes; l'amour de la patrie, la bienfaifance, la charité univerfelle, voilà fes pratiques; les hommes les plus juftes, les plus utiles à leurs femblables, voilà fes apôtres & fes prêtres. Un pere remplit dignement ces devoirs, en formant aux vertus civiques les enfans qui doivent un jour le remplacer; une époufe, en fe livrant avec joie à ces foins multipliés & touchans fi doux au cœur d'une mere; le fils, en aimant les auteurs de fes jours, acquitte tout ce qu'il leur doit, fatisfait aux devoirs de la nature dont la piété filiale eft le premier, & s'habitue ainfi à la pratique de toutes les vertus dont elle eft la source. Un fils animé de ce sentiment, c'est le fils que toutes les familles désirent, que le respect suit par-tout, que par-tout l'estime & l'amitié préviennent, que le témoignage de sa conscience met à l'abri de toute crainte, qui ne voit autour de lui que le bonheur qu'il répand. C'est l'espérance de la patrie, le modele qu'elle propose à tous les enfans, la récompense qu'elle promet à tous les peres. Et de quelles vertus ne doit pas donner l'exemple, celui qui dès son enfance s'est formé à les cultiver toutes !

L'homme éclairé par le flambeau de la raison, se félicite de la lumiere dont il jouit ; mais il respecte ceux pour lesquels elle n'a pas encore brillé. Il désire d'en propager l'éclat ; mais il craint de faire le malheur de ses semblables. Il voit leurs erreurs, & les souffre ; il ne provoque point contre eux la colere du ciel, il n'arme point les puissances de la terre ; il ne connoît d'ennemis que ceux de sa patrie, d'autres sentimens que l'amour qu'elle lui inspire. Et qu'est-ce que l'amour de la patrie, sinon l'amour de l'humanité entiere considérée dans ses rapports plus immédiats avec nos parens, nos amis, nos voisins, ceux qui habitent le même sol, qui obéissent aux mêmes lois ? Qu'est-ce que la vertu républicaine, sinon le désir d'être utile à ses concitoyens, de mériter leur estime, de jouir du bonheur qui est le prix des services qu'on leur a rendus ? Que des conquérans comptent leurs triomphes par le nombre des malheureux qu'ils ont faits, que les rois achetent par des méfiances multipliées le droit d'étendre leurs lois malfaisantes sur quelques provinces de plus : aux yeux de la raison, ce ne sont que des assassins plus coupables, parce qu'ils se souillent de crimes avec plus d'impunité. Le vrai républicain, tranquille sur sa propriété, ne réclame que les droits de la nature & des gens. Aussi éloigné de porter l'agression chez ses voisins, qu'ardent à repousser l'insulte, il est sourd à la voix de l'ambition, au désir des conquêtes ; il ne courbe point sa tête servile sous les lois d'un despote ; il pese à la balance de la raison ces tyrans couronnés dont les caprices sont consacrés par un peuple nombreux comme l'expression de la volonté de tous. Il les voit avec toute leur petitesse, leurs vices, leurs crimes, & de plus l'aveuglement de leurs esclaves ; il plaint leur avilissement, mais il ne va point les forcer à secouer le joug qu'ils veulent porter ; il ne veut point leur faire goûter un bien dont ils ne connoissent pas le prix. C'est le lion tranquille, ami de tous ceux qui le respectent & ne troublent point son repos ; c'est le lion furieux dont les rugissemens menacent les ennemis de sa tranquillité, & terrasse par la force quiconque attaque sa propriété.

E

C'est à la révolution, c'est à la liberté qu'elle a produite que nous devons ces triomphes de la raison & de la philosophie sur les préjugés religieux ; & cette derniere conquête est celle qui a coûté le plus de temps, exigé plus de soins. Cependant tout la préparoit de loin, & c'est un spectacle intéressant de voir la suite & l'enchaînement des efforts que la raison humaine a fait pendant tout ce siecle pour se débarrasser des entraves où elle étoit retenue jusqu'à présent. Ce siecle fera époque dans l'histoire des temps : dans son commencement le fanatisme si prodigue du sang de nos ancêtres, avoit ralenti ses fureurs ; moins cruel, il n'en étoit que plus ridicule ; mais les exils, les emprisonnemens ; mais les menaces de la colere du ciel, les terreurs de l'avenir, tourmentoient encore les malheureux esclaves des préjugés religieux.

Enfin, ce petit nombre de sages qui, pour la consolation de l'humanité, devancent toujours de loin les lumieres de leurs contemporains, osa élever la voix. L'un répandant à pleines mains le ridicule sur les erreurs que nos peres avoient revêtu de toutes les frayeurs de leur imagination frappée, les fit rougir de se persécuter pour des chimeres inintelligibles, & les prépara à s'occuper de soins plus dignes d'eux. Un autre s'élevant par la pensée & la réflexion jusqu'à la naissance des sociétés, découvrit dans les lois de la nature même la source des droits de l'homme, traça les limites de l'autorité qu'il doit reconnoître, & posa les principes sur lesquels on devoit la juger. Un ouvrage profond, dépôt de toutes les connoissances humaines & de toutes les vérités consacrées par l'expérience, attira les regards des hommes : on lut, on médita ; les principes de liberté & d'égalité furent reconnus. La frayeur s'empara des rois & des ministres des autels ; l'empire & le sacerdoce toujours unis pour le malheur des hommes, conspirerent contre ces vérités utiles ; mais le coup étoit porté. La raison ne perd point ses droits, elle se cache ; mais en secret les esprits s'éclairent, les ames se fortifient, le courage s'échauffe ; tout est mûr pour une révolution. Les déprédations des cours, le luxe des grands, l'hypocrisie des prêtres, l'injustice des tribunaux, le désordre des finances, la morgue insolente des dépositaires de l'autorité publique, en avoient marqué l'époque. En un instant le peuple assoupi se réveille, il renverse tout ce qui s'oppose à sa fougue. Liberté est le cri général : la génération naissante proclame ses principes, le mouvement commun emporte tous les esprits ; LIBERTÉ, c'est un triomphe rapide remporté sur le despotisme & la tyrannie.

Quelle immense carriere nous avons parcourus en peu de temps ! quelle distance entre les premiers efforts du peuple français soulevant le fardeau dont il étoit accablé, & ce même peuple debout sous les auspices de sa raison, sous la seule protection de ses propres forces, consacrant le droit inaliénable & imprescriptible de sa liberté, détruisant l'influence funeste d'un culte superstitieux & ridicule qui avoit si long-temps dominé les esprits! La raison, la morale publique, l'amour de l'humanité ont enfanté ces prodiges, ont triomphé de tous les obstacles & de toutes les sectes; & dans toute l'étendue de la république, les Français sont réunis par un même culte & sous les mêmes lois. Affranchi de toutes erreurs politiques & religieuses, le vrai républicain ne connoît de passion que l'amour de sa patrie; il sacrifie tout à ce sentiment qui le domine: les jouissances de l'ambition, celles de la fortune, les affections les plus douces, rien ne lui coûte, rien n'excite ses regrets; si la voix de la patrie le rappelle d'un poste où elle l'avoit élevé, il en descend sans murmure, & les derniers instans de son ministere sont consacrés à donner à ses concitoyens l'exemple de l'obéissance aux lois.

Citoyens, ce sont ces lois saintes qui font notre force & notre gloire; elles ont élevé nos ames, elles nous ont appris à jouir de notre raison; & par un service réciproque, la raison nous a appris à les découvrir, les proclamer & les chérir. Elles nous assurent des droits à la reconnoissance publique. Notre exemple, n'en doutez pas, sera utile au monde entier ; c'est avec le temps que la raison triomphe de tous ses ennemis : ses pas sont lents, mais assurés. En vain les tyrans veulent-ils l'éloigner de leurs sujets, élever entre eux & nous une barriere insurmontable, elle pénetre malgré leurs remparts, malgré les bataillons armés qu'ils nous opposent ; elle se propage par leurs propres efforts. Ce n'est pas en vain que leurs soldats touchent le sol de la liberté ; ils en rapporteront sur leur territoire l'estime des Français, le respect de leur courage, le sentiment de leur force, la connoissance & l'amour de leurs principes ; ils sauront que les rois ont fait le malheur des peuples, que sans eux l'ambition & le désir des conquêtes ne déchireroient point l'Europe, qu'elle ne seroit habitée que par de vastes familles de freres unis par l'humanité & la réciprocité des services ; ils le sauront, & la raison victorieuse les éclairera aussi de son flambeau, les amenera devant ses autels. Héros mensongers de la fable, & vous qui fîtes les beaux jours & la gloire de Sparte & de Rome anciennes, législateurs, philosophes, guerriers magnanimes, cessez de prétendre aux premieres places dans les fastes du monde ; le peuple français vous a surpassé dans l'art difficile d'éclairer les hommes, dans l'art pénible des combats ; il a rempli fes brillantes deftinées : appelé à venger la terre des longs forfaits de l'autel & du trône, il a renverfé fes honteufes idoles, il a placé l'immortel dépôt de fes lois fur la colonne inébranlable de la liberté univerfelle : les fondemens de cette colonne repofent dans les entrailles de la terre, fon fommet pénetre jufques dans les cieux.

Ainfi un phare nouveau élevé par une nation bienfaifante fur les bords d'une mer orageufe, pour annoncer un port jufqu'alors inconnu aux navigateurs, fixe d'abord leurs regards, les effraie, & leur fait craindre des écueils cachés ; bientôt ils s'en approchent avec prudence, ils découvrent la route qui les y conduit, & viennent y trouver le repos de leurs fatigues & l'oubli de leurs dangers. Leur exemple eft bientôt imité, & les vaiffeaux de toutes les nations abordent fans défiance, cet afile affuré contre les fureurs d'une mer irritée. Telle la révolution françaife qui a d'abord étonné les peuples de l'Europe, leur a fait craindre les défordres & le déchirement des fociétés qui l'habitent, bientôt mieux appréciée & mieux connue, ne leur préfentera plus que le triomphe de tous les principes qui affurent les droits naturels de l'homme, & la force légitime des gouvernemens. Nous, leurs aînés dans le culte de la liberté & de l'égalite, nous aurons oublié les combats par lefquels il nous la faut aſſurer aujourd'hui ; nous applaudirons à leurs efforts généreux pour marcher ſur nos traces, & diſputer à leurs ennemis la conquête de leurs droits.

Morale éternelle, fille de la raiſon & de la philoſophie, dont les dogmes ſont renfermés dans ce dogme unique: « SOIS JUSTE, ET AIME TA PATRIE », c'eſt à toi que nous devrons notre bonheur, notre tranquillité ; c'eſt toi qui réuniras tous les peuples de l'univers par les ſentimens réciproques de concitoyens, d'amis & de freres.

―――――

Les grenadiers du bataillon de Saint-Sernin, ayant préſenté par députation l'enfant d'un de leurs camarades à la ſociété populaire, pour recevoir l'acolade civique du préſident, en remplacement de nos baptêmes gothiques, il fut délibéré que la même députation tranſporteroit cet enfant au temple de la Raiſon, où ayant été admiſe à la tribune, DESBARREAUX, qui en étoit l'orateur, a dit :

CITOYENS,

C'EST dans le temple de la Raiſon, ce ſanctuaire de l'égalité, que les grenadiers de Saint-Sernin viennent préſenter cet enfant à la patrie ; à la patrie, cette mere sacrée dont des mains sacrileges ont osé tenter de déchirer le sein, mais que la piété filiale des bons sans culottes dédommage des manœuvres coupables de ses enfans ingrats.

Puisse ce baptême civique, en remplaçant les eaux lustrales dont les prêtres menteurs nous arrosoient à notre naissance, imprimer dans l'ame pure de cet être intéressant & foible, le germe des vertus sociales que nous inspire l'amour de la république, & lui rappeler à jamais le jour solennel où, dans ce temple auguste, en foulant aux pieds l'hydre du fanatisme, de la superstition & de l'erreur, on a parlé à nos concitoyens le langage de la vérité !

Heureux enfant d'un pere & d'une mere libres, tu naquis républicain, les chaînes du despotisme n'entourent point ton berceau ; n'oublies jamais la dignité de ton origine. Et vous, peres & meres sensibles, qui êtes dans cette enceinte, que l'amour de la patrie embrase, jurez avec nous de remplir vos devoirs, & de faire sucer à vos enfans la haine des rois, avec le lait de la liberté.

POÈME

POÈME

DE LA COMPOSITION

DU CITOYEN CARRÉ;

Récité à la fête célébrée le Décadi 30 Frimaire, dans le Temple de la Raison, à Toulouse.

Tombez, tombez, autels de l'impoſture :
Releve-toi, temple de la nature,
Où rougiſſant de mentir à ſon cœur,
Un peuple libre abjure enfin l'erreur.
Quel calme regne en cette heureuſe enceinte !
La confiance a remplacé la crainte :
L'homme y reprend toute ſa dignité ;
La Raiſon ſeule eſt ſa divinité.

Raison auguſte, inviſible puiſſance,
Toi que le ſage honoroit en ſilence,
Toi dont ſa main vient de briſer les fers,
Pardonne aux maux que nous avons ſoufferts,
Et ton injure & notre oubli funeſte ;
Le mal n'eſt plus, mais la leçon nous reſte.
La Liberté nous ramene à ta loi,
La Liberté nous rend dignes de toi.

Dans les beaux jours du monde en ſon enfance,
C'eſt la Raiſon qui fit notre innocence ;
Elle applanit la route du bonheur.

Les cultes faux sont enfans de la peur;
Elle écarta leurs images sinistres,
Leur pompe vaine & leurs plus vains ministres.
Une ame pure étoit l'unique autel
Qu'elle élevoit entre l'homme & le ciel.
Une ame pure entend sa voix suprême;
Et qui l'écoute, obéit à Dieu même.
Le sentiment fit les premiers liens,
Et la raison les premiers citoyens :
La terre alors, sans bornes, sans partage,
Étoit de tous le commun héritage;
L'Égalité créa le siecle d'or :
Ah ! sans l'orgueil, il dureroit encor.
Ce monstre impur en troubla l'harmonie.
Jour exécrable ! ô jour d'ignominie,
Qui vit signer, au mépris de nos droits,
Le pacte affreux des prêtres & des rois !
Peuples trahis, levez-vous : quoi ! la terre
Est sans poignards, & le ciel sans tonnerre ?
L'erreur se rit de mes cris impuissans ;
Le prêtre marche à côté des tyrans.
Triste jouet de leur jalouse rage,
L'homme gémit sous un double esclavage;
Il vend son sang à la férocité,
Et ses sueurs à la crédulité.
L'ambition, la discorde, la haine,
Pesent encor sur cette horrible chaîne.
Peuple, les rois ont déchiré ton sein :
Le prêtre fut un plus lâche assassin ;
En souriant il frappoit sa victime :
Sa vertu même eut les excès du crime;
Il attacha l'erreur à ton berceau,
Et les tourmens à la paix du tombeau.

Du fier despote on foule aux pieds le trône !
Les fers honteux que le prêtre nous donne,
Flétrissent l'ame, & resserrent le cœur
Dans les liens d'une morne stupeur,
Ne laissent plus à sa triste impuissance
Que les hochets d'une éternelle enfance.

Le fanatisme enfin est désarmé ;
Je tremble encor quand l'abîme est fermé.
Républicains, la Raison nous appelle :
Que la vertu nous rassemble autour d'elle.
Les préjugés ont eu leurs sectateurs ;
Que la Raison ait ses adorateurs.
Un peuple libre est son plus bel ouvrage ;
D'un peuple libre elle attendoit l'hommage.
Si son triomphe est celui des talens,
Vous qui naissez pour vivre indépendans,
Amis du vrai, beaux arts, vous qu'elle éclaire,
Ornez sans fard son premier sanctuaire ;
Présentez-nous ses plus chers favoris,
De leurs bienfaits, tardif, mais juste prix !
Là, que Rousseau, dans un champêtre asile,
Forme le sage, & l'homme dans Emile.
Le Pelletier réclame vos pinceaux.
Qu'ici Marat, en de touchans tableaux,
A la patrie ouvre ce cœur fidelle,
Ce cœur sanglant & déchiré pour elle.
De nos héros, des martyrs de la loi,
Qui nous peindra l'inébranlable foi,
Les vains remords d'une cité perfide,
Et de Toulon l'infame parricide ?
Par-tout la France, enfantant des soldats,
Lance la foudre au sein des noirs frimats.
Retracez-nous ce dévouement, ces fêtes,

Ce calme augufte au milieu des tempêtes ;
Des coups du fort nos lauriers renaiffans,
La ligue impie & l'effroi des tyrans,
Leur fceptre affreux brifé dans la pouffiere,
La Liberté, plus ardente & plus fiere,
Et les Français élevant les humains
A la hauteur de leurs brillans deftins.
Peuple, en ces lieux tu liras ton hiftoire :
Tous ces tableaux font des traits de ta gloire.
Ici l'erreur courba ta majefté
Devant l'orgueil & la cupidité ;
Dans la Raifon tu viendras reconnoître
Tes droits, ton culte & ton unique maître.
Qui plus que toi dut fe rendre à fa voix,
Et détefter les prêtres & les rois ?
Ils font cruels, & toi tu nais fenfible ;
Leur cœur eft faux, le tien incorruptible :
Seul, tu connois la nature & les mœurs ;
Tu méritois de généreux vengeurs.
Qui fert ta caufe, honore la patrie ;
Mourir pour toi, c'eft renaître à la vie ;
A nos enfans, c'eft affurer un jour,
Et tes regards, & ton plus pur amour.

HYMNE

POUR LA FÊTE DE LA RAISON,

Exécutée à grand orcheſtre dans le Temple de la Raiſon, le Décadi 30 Frimaire de l'an 2e. de la République françaiſe.

Descends, ô Liberté ! fille de la nature,
Le peuple a reconquis ſon pouvoir immortel ;
Sur les pompeux débris de l'antique impoſture,
    Ses mains relevent ton autel.

Venez, vainqueurs des rois, l'Europe vous contemple ;
Venez, ſur les faux dieux étendez vos ſuccès.
Toi, ſainte Liberté, viens habiter ce temple ;
    Sois la déeſſe des Français.

Ton aſpect réjouit le mont le plus ſauvage,
Au milieu des rochers enfante les moiſſons ;
Embelli par tes mains, le plus affreux rivage
    Vit environné de glaçons.

Tu doubles les plaiſirs, les vertus, le génie :
L'homme eſt toujours vainqueur ſous tes ſaints étendards ;
Avant de te connoître, il ignore la vie ;
    Il eſt créé par tes regards.

Au peuple souverain, tous les rois font la guerre ;
Qu'à tes pieds, ô déesse ! ils tombent désormais ;
Bientôt sur le cercueil des tyrans de la terre,
　　Les peuples vont jurer la paix.

Guerriers libérateurs, race puissante & brave,
Armés d'un glaive humain, sanctifiez l'effroi ;
Terrassé par vos coups, que le dernier esclave
　　Suive au tombeau le dernier roi.

A TOULOUSE,

Chez la veuve DESCLASSAN, Imprimeur
du District & de la Municipalité.

www.ingramcontent.com/pod-product-compliance
Lightning Source LLC
Chambersburg PA
CBHW060611050426
42451CB00012B/2202